Achim Greser & Heribert Lenz
Hausschatz des Goldenen Humors

Achim Greser & Heribert Lenz

HAUSSCHATZ DES GOLDENEN HUMORS

Verlag Antje Kunstmann

Inhalt

 Aus der Damenwelt 7

Mein Freund, dir helf ich 25

Ausländer, Inländer, Isländer 33

Kinder, Kirche, Küche 45

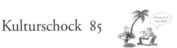
Krimis, Kriege, Krisen 63

Kulturschock 85

Moderne Märchen 99

Nebenwirkungen der Knoblauchpille 111

Fit for Fun 119

Das Tier 129

Trunk und Stunk 139

Verkehr und Technik 147

Wissenschaft und Kissenschlacht 161

Werbung und Konsum 171

Wiedervereinigung 181

Nachwort von Eckhard Henscheid 188

Aus der Damenwelt

»Ich habe die Sexuallockstoffe viele Straßen von hier gerochen. Nun bin ich hier.«

»Was Frauen leisten? Meine leistet sich jedes Jahr einen neuen Pelzmantel und regelmäßig einen verbrannten Schweinebraten!«

Die Groupies der Bamberger Symphoniker

»Ja, Helga ist in Algerien geblieben.
Wie soll ich euch das erklären?«

»Ich habe deinen Wortschatz vom feministischen
Institut untersuchen lassen. Du glaubst nicht,
was du für einer bist!«

»Ich habe meine Schwiegermutter auf 17 gesetzt und 17 hat gewonnen.«

»Die Reinigungskosten für Ihr Abendkleid übernimmt selbstverständlich die Firma, Fräulein Irblich.«

»Zum letzten Mal: Es ist mir egal, egal, egal, wie die Senftube über unseren Streit denkt!«

»Komm schon, Erna, die Erde erwärmt sich sowieso bald.«

»Noch ein Bier, Helga?« – »Nein, Edith, ich muß mir
nachher noch Paßbilder machen lassen.«

Marylin Monroe auf ihrer Unterfrankentournee 1956

»Sexualität? Das gab es zu meiner Zeit
doch überhaupt nicht. Es gab ja fast
gar nichts damals!«

»Sie läßt in letzter Zeit sehr in ihrer Waschleistung nach.«

Mein Freund, dir helf ich

„Herr Schmidt, wir schicken Ihnen jetzt einen Bus voller Tatverdächtiger zur Gegenüberstellung vorbei. Eine Frage: Haben Sie was zum Trinken und Knabbern daheim?"

Perfekte Tarnkleidung für eine Verhaftung im Café

Pannentruppe GSG 9

»Ihr sollt den jungen Mann von der GSG 9
nicht immer hänseln!«

»Sehen Sie mal, Chef, die Spur des geklauten Zugs führt hier entlang.«

Zivis bei der Polizei

Auch Heimarbeit ist möglich

Ausländer, Inländer, Isländer

»Schon toll, was für eine andere
Mentalität sie haben.«

»Wir sind hoffnungslos überfremdet. Man versteht sich beinahe selbst nicht mehr!«

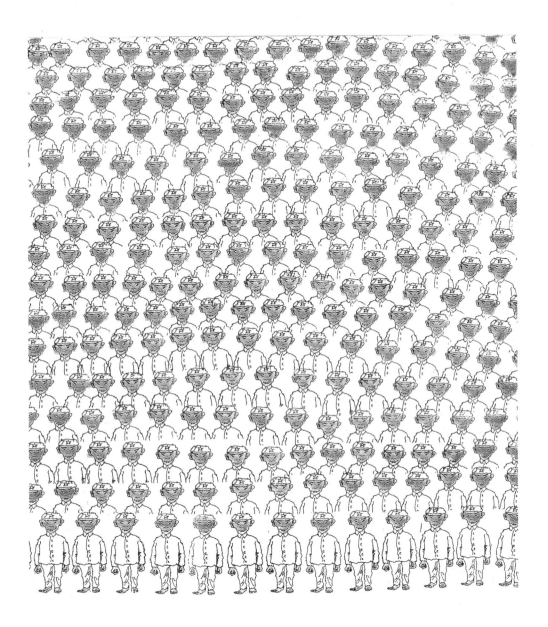

Gruppenfoto anläßlich der Jahresversammlung des Pekinger Polizeisportvereins

„La Paloma oheee..."

»So, so, selbst gefangen. Und warum ist dann noch das Preisschild vom Fischgeschäft dran?«

Schade um das neue Faxgerät.

Das Hessenviertel von Istanbul

An einer Wegezollstation irgendwo zwischen London und Dakar

Lichterkette

„Nix Euro. Deutse Massa Abdul liebä gebbe Glasperle, hahaha."

Kinder, Kirche, Küche

Aus dem Leben eines Uhrenverkäufers:
»Schatz, wir gehen heute ganz groß essen. Ich bin zu den Standuhren versetzt worden.«

»Packen Sie mir Ihre sämtlichen Eisvorräte ein.«

»Helga, nimm doch Schaufel und Besen mit und
feg kurz die Dachrinne durch.«

Historisches Datum: Am 17. April
1954 wird das Fernsehverbot erfunden.

»Achim, laß die Förmchen im Sandkasten! Andreas, deine Mutter will, daß du zum Abendessen kommst!«

»Grieser, ich habe gerade meinen Diätplan vom Arzt bekommen. Erledigen Sie das für mich!«

»Herta, koch weiter. Ich schaff den kompletten Diätplan heute noch.«

Geisterbahn für Vegetarier

»Denk immer dran: Du hast die Erde nur von deinem Kind geliehen.«

»Mein Beileid, Frau Lazarus, ich bin der Testamentsvollstrecker Ihres leider verstorbenen Gatten und kann Ihnen gleich vorweg eine außerordentlich positive Nachricht über die Ihnen zufallenden Hinterlassenschaften Ihres Herrn Gemahls geben…«

»Wer kann das sein?«

DER EXORZIST III

"Aber, Leibhaftiger, welches Pferd im zweiten Rennen gewinnt, das weiß nur der Herrgott!"

"Quatsch, du Pfaffenarsch!"

»Ich habe Zweifel, ob ich mit meinen Zahnproblemen
Gott noch wohlgefällig sein kann.«

»Die Stigmata hat sie von Jesus, den Bartwuchs von Karl Marx.«

»Meine Brüder, wir sollten über eine Neuauflage des Beat-Gottesdienstes nachdenken. Kennt einer diesen Guildo Horn?«

»Ach Heike, laß uns zusammen dick werden.«

Krimis, Kriege, Krisen

Aus der Anfangszeit des Telefondiensts

»Mein Gott, hast du mich erschreckt. Ich dachte schon, es wären Einbrecher.«

Die Zigarette danach

Piet Mondrians Karriere als Gerichtszeichner währte nur kurz

Beim Knastfriseur

»Spielen Sie etwas der Situation Angemessenes!«

Plateausohlen sind so neu auch nicht

Die deutschen Bodentruppen kommen

»Auch UN?« – »Nee, ABM.«

»Ihnen wird heute Nacht
entsetzlich schlecht.«

Was glaubst du eigentlich, warum wir damals herumgevögelt und gehascht haben wie die Bekloppten?! – Damit du es einmal besser hast.

Auch für dich, mein Sohn, ist Jimi Hendrix gestorben.

»Das Schöne an unserem Beruf ist, daß wir mit Menschen zu tun haben.«

»Sie haben Glück. Ich habe Psychologie studiert.«

»Wenn immer noch keine Linderung eingetreten ist, müssen wir, fürchte ich, die Zähne rausreißen.«

»Paul, ich habe dir vor fünf Wochen mein Poesiealbum gegeben.
Du hast immer noch nichts reingeschrieben!«

Darum mußte Ötzi wirklich sterben

Hungerproblem bei den Pygmäen

»So, so. Nur ein wenig reden willste? Aber das macht ihr doch schon den ganzen Tag auf eurem Umweltgipfel.«

»Was haben wir denn da?!«

»Ihr Haar ist völlig verfilzt. Da hilft nur noch radikal abschneiden.«

Der Generationenvertrag durch die heitere Lupe betrachtet

Wegen der großen Beliebtheit:
Im Februar wieder Hochwasser an Rhein und Mosel.

Das allereste Foto von Dianas Ankunft im Himmel!

»Wir überfliegen gerade ein Wohngebiet und bitten die Passagiere, sich nur noch leise zu unterhalten.«

»Nun hören Sie doch auf, so haltlos zu trinken, Herr Ishiko! Sie wissen doch, daß Ihnen dieses Enzym fehlt.«

»Sie sollten unbedingt mal mit in unsere Kuschelgruppe kommen.«

Berufe ohne Zukunft: Der Gerichtsbildhauer.

Auf dem Blindenheimparkplatz ist der Teufel los.

Kulturschock

Ersatzbank der Wagner-Festspiele

50 Jahre Frankfurter Buchmesse

„Fräulein, würden Sie mir bitte etwas zum Lesen reichen?"

15.7.: Ich habe nun schon 4 Tage das Zelt nicht verlassen. Der Sturm will sich nicht legen. Es geht mir schlechter als gestern. Erfrierungen am linken Fuß. Manchmal weine ich vor Schmerz. Der Proviant macht mir große Sorge. Das Schlimmste aber: Als ich vor einer Stunde kurz raussah, fuhr ein Schlitten vorbei. Ich traute meinen Augen nicht. Es war Kellermann aus der EDV-Abteilung mit seiner Familie. Wenn der Angeber zuerst am Pol ist, steht mir eine harte Zeit in der Firma bevor.

Quo vadis, Reinhold Messner?

»Kann ich meine Schularbeiten unter Ihrer Aufsicht machen?«

Automatisierung und kein Ende

Am Seelenwandertag

»Herrmann, bitte beschwere dich nachher an der Kasse. Man hat ohne unsere Erlaubnis unser Leben verfilmt.«

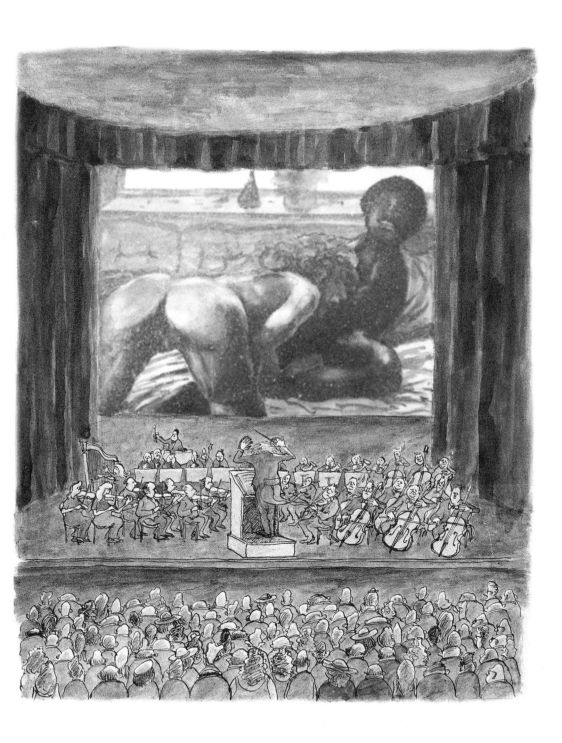

»Das war wohl die Schlafhöhle.«

»Scheint ein prähistorischer Einkaufszettel zu sein.«

»Wenn Sie mich fragen: Zu akademisch.«

»Er nennt es Aktionskunst.«

Weihnachten 92

Moderne Märchen

Bei der Mondarmee

»Bauer, bezahl mir ein Studium, oder ich vergesse mich!«

Die Indianer staunten nicht schlecht über
das Ei des Kolumbus.

»Herrjeh, haben Sie es nicht passend?«

»Wenn du mir jetzt noch verrätst, wie wir das eingenommene Geld ausgeben sollen…«

Bereits geschlagene Figuren während der Schach-WM

Das Lotsenboot zieht die Erde an ein ruhiges Plätzchen

Rotkäppchen im Regenwald

»Wir singen jetzt ein Lied für Männer, die einfach mehr im Haushalt helfen sollen.«

Im strengen Winter 12/13 aß der Versicherungsinspektor Sopp in der größten Not seine halbe Frau auf.

Nebenwirkungen der Knoblauchpille

Bereits nach 5 Minuten mußte Herr Bertz den
Cholerikerkongreß wieder verlassen.

»Stehen Sie gefälligst auf, Sie blöde Kuh!
Ich habe einen Cholerikerausweis!«

„Alle Achtung, Herr Direktor."

»Das schmeckt euch nicht, verdammte Tommies!
Fliegerbomben, Fliegerbomben!«

»Ich habe nur einen Fehdehandschuh in der Wäsche
gefunden! Hast du wieder einem Staat den Krieg erklärt?«

Zwei, die ihr Glück in Stalingrad gefunden haben:
Ludmilla Fibringerowa-Schmidt und Hermann Schmidt, Herne

»Ich kann löten.«

»So so, alles selbst gefangen. Und warum hängen dann noch die Preisschilder vom Fischgeschäft dran?«

»Ach, Annachen, ich mach Schluß mit der blutjungen Studentin! Morgen schenke ich dir erstmal das sündhaft teure Collier, und du bestellst den Killer ab, ja?«

Fit for fun

»Der richtige Pokal ist angeblich nicht fertig geworden.«

Deutschland ist wieder Weltmeister im Bratwurstessen. Links die unterlegenen Finalgegner und Silbermedaillengewinner aus Äthiopien.

»Leute, unser Spiel wird live übertragen!«

Die Statistik sprach für Kamerun.
Das Spiel endete aber 1:6. Komisch.

»Hier ist noch mal die Grotenburg. Das Spiel ist jetzt
bereits seit 4 Stunden und 45 Minuten vorbei. Ich gebe
zurück in die angeschlossenen Funkhäuser.«

»Hallo Studio, wohin soll ich zurückgeben? Zu ARD oder Bitburger…?«

Schürf-Olympiade in Kanada

»Der Schiedsrichter läßt weiterspielen. Die Behandlung scheint länger zu dauern.«

»Eieiei, der Teufel holt neun Spieler vom Feld, und das Auswechselkontingent der Bayern ist bereits erschöpft. Jetzt kann das Spiel noch mal kippen.«

Beim Pferde-TÜV:
»Alles in Ordnung, außer den Bremsen«

Familie Pöhlmann freute sich sehr über ihren Tombolagewinn:
Ein Abend mit Reinhold Messner

1. Vorstudie
Lothar Matthäus in Kunstharz gegossen

Das Tier

Na also! Doch nicht so weit her mit
der Intelligenz bei Delphinen.

»Passen Sie gefälligst auf, Sie blöde Kuh! Sie sehen doch,
daß die Bestie gefährlich ist!«

Frühling in Bad Sodom

Sturmschäden in Hellabrunn

„Huwa, der erste Schnee!"

»Es bringt nicht mehr viel, jetzt noch mit Latein anzufangen. Geht nach Hause und paart euch!«

»Migräne?! Vergiß deine Migräne, wir sind Eintagsfliegen!«

Hurra, das neue Gras ist da!

Trunk und Stunk

»Als nächster Redner spricht zu Ihnen Schorsch, der Wirt der Lola-Bar, über das Benehmen einiger Abgeordneter gestern Nacht.«

Auf der Frankfurter Dippemess
»Wir unterbrechen unser Rock n' Roll-Potpourri für eine dringende Suchdurchsage:
Herr Theodor W. Adorno möchte bitte zum Auto der Familie Habermas kommen.
Die will gerne heimfahren.«

»Aah… Sehr gut, Herrin! Und jetzt iß bitte diesen Haufen frischer Buchenblätter vor meinen Augen auf. Bitte!!«

Glück im Unglück hatte der Frührentner Erwin Wehmeier, als er
Knall auf Fall einem Herzinfarkt erlag. Zwei Wochen später wäre
nämlich der Lungenkrebs bei ihm ausgebrochen, der sich werweiß
wie lange hingezogen hätte.

»Jetzt warten Sie schon geschlagene drei Stunden auf Ihr Essen und haben immer noch nicht mal Ihr zweites Bier bestellt!«

»Frühschicht beginnt um halbzwölf, dann Pause von 13-15 Uhr, anschließend kleines Mittagsschläfchen. Feierabend ist um 16 Uhr. Und vergessen Sie bitte nicht, mich regelmäßig auf Lohnerhöhungen hinzuweisen.«

»Bei Abnahme von drei Paar unserer strapazierfähigen, kochfesten Baumwollsocken sind Sie selbstverständlich bei uns heute zum Abendessen eingeladen.«

Verkehr und Technik

Großer Preis von Italien

»Auftanken und Reifenwechsel in sieben Sekunden? Das können Sie vergessen. Ich habe keine Leute, die Reifen muß ich bestellen. Das wird nächste Woche…«

»Was meinst du mit ›Ohne den Bosch-Schrauber kommen wir hier wahrscheinlich nicht wieder weg‹?«

„Was machst du da eigentlich? Ich denke du baust einen Hasenstall."

Sekunden des Glücks

Endlich: Airbag für Fußgänger

Betriebsausflug der Spedition Lämmle

»Der Kölner Dom aus einem einzigen Streichholz geschnitzt. Guck dir vor allem die Orgel an, Erna!«

»Bevor wir Ihnen den Vorschlaghammer verkaufen dürfen, müssen Sie ein paar Fragen unseres Hauspsychologen beantworten.«

Frühstücksfernsehen jetzt auch in der Sahelzone zu empfangen!

»Es ist immer das gleiche. Wenn das Gerät läuft, taucht dieser Clown auf und stört jede Sendung!«

»Nachrichten aus der Wirtschaft: Folgende Her[ren] können getrost weiter frühstücken, denn sie si[nd] fristlos entlassen...«

»Ich habe mir solche Mühe gegeben, und du freust dich kein bißchen.«

Eine gute Performance wird für
deutsche Dienstleistungsunternehmen
immer wichtiger

Todesfalle Frühjahrsputz: Massenmörder Stehleiterchen

„Erna! Öl!!"

Wissenschaft und Kissenschlacht

»Chef, ich rufe vom Arsch der Welt an.
Das Thermometer ist installiert. Eine
Erderwärmung konnte bisher nicht
festgestellt werden.«

»Ich habe bei meiner Frau im Schritt eine interessante Köperöffnung entdeckt. Ich vermute, es handelt sich um eine Art Fortpflanzungskanal.«

Dezember 1938: Otto Hahn gelingt die
Spaltung schwerer Atomkerne.

Grober Zwischenfall auf dem
Mathematiker-Kongreß

»Die Geschichte muß umgeschrieben werden. Nehmt eure Hefte heraus und streicht die letzten zwanzig Seiten!«

»Wie Sie auf der Vergrößerung sehen können, müssen wir davon ausgehen, daß Ihre Kinder stark behindert sein werden.«

Liebe zwischen Antibiotikum und resistentem Virus.

»Unsere Kinder sind total schwarz. Meine Frau behauptet, Darwin führt das auf eine Mutation wegen des Industriedrecks zurück. Alles Quatsch! Meine Frau hat einen anderen Kerl!«

Werbung und Konsum

»Steht Ihnen ausgezeichnet.«

»Liebling, für 18.00 Uhr habe ich für uns einen Wühltisch bei Kaufhof reserviert.«

Die Diskussion um das Ladenschlußgesetz geht weiter

Die Studentenunruhen in Wolfsburg im Mai 96

Der neue Sponsor des FC Bayern

»Das ist nur eine Frage der Verkaufe.«

Geißel Blähungen

»Augenblick mal! Fräulein Pfeiffer, was stellen wir eigentlich her?«

Legalize it!

Wiedervereinigung

Auf dem Bild ist ein ehemaliger Staatsratsvorsitzender und Vorsitzender des nationalen Verteidigungsrates der Deutschen Demokratischen Republik versteckt. Wer ihn findet, der muß ihn behalten.

»Selbstverständlich können Sie die alte Kiste in Zahlung geben, Herr Iwanowitsch. Schauen wir uns doch mal Ihre ›Rakete‹ an, hahaha.«

Nachwort

Ich kenne die beiden Zeichner Achim Greser und Heribert Lenz von einer 1995 erfolgten gemeinsamen und gefährlichen Albanienreise (Forschungsauftrag »Hosteni« u.a.) her als mutige, sehr aufopferungsbereite und im Sinne unseres selbstauferlegten Forschungsethos rücksichtslos der Wahrheitsfindung verpflichtete Reise-, Logis-- und darüberhinaus letztlich Zeitgenossen. Die gleiche durchaus edle Gesinnung trägt meines Wissens bzw. meines Erachtens auch beider Zeichnerarbeiten, das bisherige Gesamtwerk mithin der beidfalls offenbar keineswegs zufällig in je Unterfranken gebürtigen Mainfranken: Äußerste analytische Schärfe, eine platonische Neugier im Geiste Plotins, kantische, ja engholmnahe Wahrheitsunverbrüchlichkeit im Sinne der endlichen Herausführung der Menschen aus ihrer selbstverschuldeten Unmündigkeit; und schlußendlich eine so hemmungslose Aufklärungsverpflichtungssucht, wie sie derart und dermaßen unnachgiebig und noch weit über Kant und Engholm hinaus eben nur den abgehärtetsten, ausgepichtesten und ausgefuchstesten Albanien-Expeditionscorpsreisenden eigen ist und zukommt. Hinzu tritt ferner allerdings, wie jeder sieht, eine Zartheit, Filigranität (vor allem in den späten Schraffurarbeiten) und Sensibilität, ja nachgerade Sensitivität ohne jede Sentimentalität, die einzeln wie zusammen völlig unvergleichlich dastehen und vor uns liegen. Und richtig überraschen. Teilweise sogar verblüffen. Kann denn ein Mensch, können denn gar zwei erwachsene Männer, so fragt man sich schon fast erschüttert, derart zart, sensibel und filigran gerade in der Schraffierung sein? Geht denn das gut? so mag der eine oder andere auch fragen. Cui bono? so der dritte. Woher rührt dieses Artifizielle, dieses wahre Dignitätsethos, dieses darüberhinaus geradezu jesusmäßige Stigma auch, legiert mit nachgeradem Schraffierungsraffinement?

Nun, sic rebus stantibus muß die Antwort eine vorläufige sein, ja im Zweifelsfall sogar praktisch ganz ausfallen, jedenfalls hic et hoc erst mal zurückgestellt werden. Soviel läßt heute schon sich sine ira et dubio, aber auch sine fine sagen: Es scheint sich, Albanien hin, deutschalbanische Freundschaftszementierung hin und her, bei den beiden Genannten genaugenommen um Zeichner zu handeln, gewissermaßen, wenn der Anschein nicht täuscht, um ein Zeichnerduo, ja hin und wieder darüber hinaus um eine geradezu osmotisch-symbiotische Zeichnerlebensgemeinschaft, dargestellt eben durch die Herren Greser und Lenz. Oder häufig umgekehrt. Vor uns liegt jedenfalls heute hic et nunc ein Buch – und wer weiß haben wir es in diesem Moment schon wieder ausgelesen oder jedenfalls auf den ersten Verdacht hin etwas lustlos ausgeblättert –, welches, sauber eingeteilt in gleichfalls und nachgerade synchron dualistische, ja teilweise antinomisch orientierte Kapitel wie »Wissenschaft und Kissenschlacht«, »Fit for Fun« oder (man staune) »Trunk und Stunk« oder gar (man glaubt es nicht) »Verkehr und Technik«, prima vista und ganz offensichtlich genau das tut, was alle Menschen seit Anbeginn miteinander tun: Andere Menschen zu bespötteln und zu beleidigen, zu »diffamieren und zu desavouieren« (A. Streibl), Höhergestellte durch den Kakao zu ziehen, Staatspräsidenten »auf den Schlips zu treten« (B. Kronauer) – gut gut, aber was sagt uns das? Wo will das alles hinaus?
Nun, bei »Ausländer, Inländer, Isländer« will das sogar irgendwo hinein, außerdem handelt es sich hier um ein faktisch dreigliedriges Kapitel, ohne daß doch auch dort die ordnungssuggerierende Übersichtlichkeit des vermeintlich sinnstiftenden Triptychons wirklich stichhaltiger aufträte und -schimmerte – »verstört ist der Weltenlauf« (Franz Josef Adorno), »die Zeit aus den Fugen« (Harry Hamlet), »quo vadis, Germania, usque ha?« (Ted Sommer) –, eins aber, eins läßt sich gleichviel auch schon wohl hic et hac festhalten, festmachen und aus der Taufe hebeln:
Es scheint sich um zwei recht gebrochene, ja schwierige und fast heikle Herren und Menschen zu handeln, bei jenen so frappant oft im Team auftretenden Zeichnern und Spottvögeln Achim Greser und Heribert Lenz – jedenfalls diesen ihren Blättern, ja Zeichnungen nach zu schließen oder immerhin doch grob zu spekulieren. Denn so putzmunter und arschfidel das auch alles

scheinbar daherkommt: Seinsgestaltig lauert hinter dem scheint's Mopskreglen beinahe immer der Fadenschein des allseitigen Sinnverlustes, des allgemeinen Telosschwunds, ja der Tod. Oder mindestens jedenfalls die Sinnkrise. Und diese aber in einem schon bedrückend fortgeschrittenen Stadium. Aber ist es nicht allerdings auch andererseits so, daß nicht da und dort dieser und jener Hoffnungsschimmer wo nicht lohte, so doch glimmte? Ist es nicht so? Doch, es ist so. Gewiß, diese »hochartifiziellen« (B. Clausen), ja »hochelektrisierenden« (a.a.O.) Zeichnungen oder genannt auch da und dort Blätter sind ganz unleugbar satirisch und hochironisch und insofern auch zynisch und menschenverachtend und also, da beißt die Maus keinen Faden ab, zweifelsfrei »jenseits der mir selbstgesteckten politischen Kultur« (Bj. Engholm, Lübeck) und böse von Jugend auf. Auf der anderen Seite aber erhoffen sich die beiden immer noch recht jungen Künstler davon – und gerade und vernehmlich davon! – offensichtlich Zustimmung, Anerkennung, Zaster und nochmals Zaster, kurz: Mammon, viel Geld und jede Menge gute Laune, und dies nicht nur bei sich, sondern, hochgemut, wie sie nun mal angetreten, sogar bei praktisch allen…

Bon. Aber einige Fragen bleiben, etliche Dunkelheiten. Warum z.B. Heribert Greser und Achim Lenz (und »Achim« hieß immerhin der Großvater Jesus' Christus') schon so gut wie immer gemeinsam auftreten, im Buch wie in der Ausstellung, im Aschaffenburger Bierparadies »Schlappeseppel« wie im Eintracht-Waldstadion wie in Albanien, das – weiß natürlich niemand. Vielleicht sind sie verheiratet. Also praktisch liiert. Oder beide je verwitwet. Bzw. immerhin verwitwert. Oder eben beide nicht ganz dicht. Und auf der albanischen Experimentalexpedition war als ihr tertium comparationis – ich dabei. Praktisch als ihr Kind. Vielleicht ja haben sie mich nur mitgenommen, um mich dort, mitten auf den fast 2000 Meter hohen steinigen Paßhöhen über der stahlblauen Ägäis zu zeugen, als ihren Nachwortschreiber zu zeugen, derart auch noch mir mein Quantum Sinn flugs einzuhauchen, wenigstens ein Quentchen?

Was, immerhin, geklappt hat.

Eckhard Henscheid

*Für Rat und Tat gilt unser besonderer Dank
Achim Frenz und Andreas Sandmann*

Die überwiegende Mehrzahl der hier versammelten Zeichnungen
ist für *Titanic, das endgültige Satiremagazin* entstanden.
An den Seiten 184/185 hat maßgeblich Peter Knorr mitgewitzelt.
Eckhard Henscheid hat die Textvorlage für die
Seite 143 geliefert.
Beiden – sowie allen übrigen Titanic-Kollegen –
ein herzliches Dankeschön.
Das Autorenfoto auf derm Umschlag stammt von Britta Frenz.

© Verlag Antje Kunstmann GmbH, München 1999
Litho: Reproline, München
Druck & Bindung: Clausen & Bosse, Leck
ISBN 3-88897-270-1